커피는 친구를 부른다

국립중앙도서관 출판예정도서목록(CIP)

커피는 친구를 부른다 : 안정심 제2시집 / 지은이: 안정심.
— 서울 : 문학공원, 2015
p. ; cm

ISBN 978-89-6577-126-5 03810 : ₩10000

한국 현대시[韓國現代詩]

811.7-KDC6
895.715-DDC23 CIP2015006689

문학공원 시선 94

커피는 친구를 부른다

안정심 제2시집

부르고 싶다 커피 향기가 친구를 부른다
하얀 눈꽃은 유리 창문에 꽃잎그림을 그려주고
달콤한 커피는 입술에 노래를 그려준다

문학공원

• 시집을 내며

아침에 눈을 뜨면 태양이 나를 반기듯
한 편의 시를 만나기 위해 눈을 뜬다
시는 머리를 맑게 해주고 예쁜 마음으로 쓰려고 한다
한편의 시를 쓰고자 생각하고 또 생각 하지만 시는 내게 있어
마음은 부자요 기쁨이라 끈을 놓을 수 없다
두 번째 시집을 내려고 하니 처음보다 더 설렌다
좀 더 잘 쓰려고 노력했지만 부족함은 한이 없나보다
한편으로는 솔직히 기쁘기도 하다
고려대학교 평생교육원에서 시창작을 강의하시는
김순진 교수님께서 항상 격려와 용기를 주신 덕분으로
또다시 2집을 내게 됨에 감사드린다
가족들의 따뜻한 사랑으로 칭찬을 받을 수 있어 감사하다
또한 친구들 모임 회원들의 박수가 있었기에 감사하다
시집을 받은 모두가 마지막 페이지까지 읽어주기를 바라는
나의 마음 욕심이라 전하고 싶다
모두모두 감사를 드린다

2015년 3월

안 정 심 드림

차 례

1부
채석강에서

차 례

2부 꽃들의 수다

차 례

3부 그리움의 소다

차 례

4부 겨울나비

차 례

부록
축하의 글

1부
채석강에서

산맥

오르고 오르면 또 다른 세상이다
이런 세상 만나자 발걸음 즐겁다
정상에 올라 저 멀리 바라본 산맥들
한 겹 두 겹 병풍처럼 펼쳐져 있다

끝없이 늘어선 산맥들은 안개 위로
봉우리마다 물결친다
길게 누워있는 모습들은 어쩜 이렇게 장관일까
어쩜 저렇게 가슴이 벅차도록 웅장할까
어쩌면 이토록 산만이 갖고 있는 환상의 세상이다

산에만 맥이 있는 게 아니다
사람에게도 맥이 있다
이름하여 인맥, 어느 사람은 좋은 사람들과 살고
어느 사람은 날카로운 봉우리로 사람의 접근을 막는다
그동안 쌓아올린 나의 인맥을
다시금 등반해본다

백 원

해질 무렵
우이천 길을 걷다가 쉼터 정자에 앉아 쉰다
뭔가 눈을 크게 뜨게 한다
은빛으로 옷을 입고
돌멩이 사이에 숨어서 반짝이고 있다

다른 사람 눈을 피해 나를 기다리고 있다
숨어서 부르는 소리에 눈동자는 커지고
손은 가까이 간다
이거 웬 횡재야
임자가 누구든 이젠 내가 주인이다

주먹을 꼭 쥐어본다
많은 뭉치를 발견했으면 심장은 콩콩 뛰고
맥박은 멈추고 인생길 마무리했을지 모른다
다행이다 백 원짜리 동전이
나보고 더 살라고 한다

바다 위 공연

여름 태양은 바다 위에서 공연을 한다
파란 파도를 무대 삼아 춤을 춘다
넓은 병풍을 펼쳐놓은 듯 하얀 치마폭의 파도는
너울너울 힘차게 춤을 춘다

바람과 구름 북 장구 피리의 장단에 맞춰
물고기들도 춤을 춘다
양팔을 높이 들어 뛰어오르고 꼬리를 흔든다
파도의 물거품 위로 물고기들 노래 부른다
바다 위에 뮤지컬은
늘 화려하고 환상적이다

채석강에서

지인들과 변산반도 채석강을 찾아갔다
자연이 만들어 놓은 오묘한 광경
책상 위의 책꽂이처럼
차곡차곡 쌓여있는 책들이
눈길을 사로잡는다

어느 책을 꺼내 읽어볼까
한 권이라도 선택하면
다른 책들이 무너질 것 같다

그 속에는 얼마나 많은
사연들이 적혀 있을까
수억 년 동안 품고 살아온
세월을 상상하기엔 어림도 없다

그 책들은 영원히 살아있는
역사로 쉼 쉬고 있다
나도 내 시집 속에
단단한 마음의 채석강을 세우고 싶다

바늘

그는 매일 똑같은 일만 한다
같은 방향으로 돌고 돌아
어지럼증도 없다 한다
때론 다른 길도 가고 싶지만
돌아설 수 없다 한다

그는 눈을 감고 잠자는 시간도 없다
쉬는 시간도 없다
누가 보든 말든 할 일만 한다
어느 날은 밖으로 나오고 싶어
애절하게 푸념도 한다

그는 다른 세상에서 살고 싶어 한다
나와라 열어주고 싶지만
대문도 없고 열쇠도 없다
그러니 어찌하나 너는 너대로 살아가고
나는 나대로 살아가자 한다

소나무에게

동해바닷가 깎아지른 바위틈 사이로
소나무 한 그루 외롭게 서있다
먼 길 왔는데 좀 더 머물다 가라는 부탁에
보고 싶으면 다시 오겠노라 약속했지
약속을 지키고자 다시 찾아간 그곳에
변함없이 서있는 너
둘은 반가워 활짝 웃음으로 인사 나누었다
시간이 가고 많은 계절이 지나갔는데
너는 그 자리 그 모습 그 향기 그대로 있구나

이번에는 언제라고 기약 못하고
막연한 아쉬움을 남긴 채
발길을 돌리려고 한다
만남은 이렇게 헤어지고
돌아서면 또다시 그리워지겠지

골프공의 눈물

나는 매일 머리통만 맞고 산다
그들은 구멍만 찾아가라 마구 때린다
어쩌다 길을 잘못 가면 화내고 짜증을 낸다
물속에 빠지면 건저줄 생각은 안 하고
고개 떨구고 가는 모습이 안 돼 보인다

어느 날은 때리던 쇠뭉치를 던지고
모자를 벗어 힘차게 내던진다
가만히 보고 있자니 참으로 우습다
누가 잘못해 놓고 어디다 화풀이를 하는지

구멍에 빠져야 좋아들 하는 내 인생이다
남을 때려놓고 무엇을 잘했다고
우승컵을 높이 들고 함성과 박수소리다
나는 아파서 울고 있는데

능수벚꽃

강가에 축축 늘어진 가지
버드나무인줄로만 알았네
이곳 벚꽃 나무들은 땅을 내려다보고 있네
활짝 핀 꽃들은 바람결에 장단 맞춰
강물 위로 흔들흔들 춤을 추네

너희들은 사람들하고 눈을 마주치고 싶어
밑으로 내려다보고 있느냐 물어보았네
웃는 잎들이 어찌나 예쁜지
그만 넋을 잃고 말았네

늘어진 가지를 살포시 잡아
너희들 다섯 잎처럼
닮은 하얀 치아를 보여주고 싶어
입과 잎으로 입맞춤 인사 나누웠네

마라도 강아지

넓은 바닷가에 강아지 한 마리
먼 바다를 바라보고 앉아있다
옆에는 아무것도 없는 모래와
출렁이는 파도만이 춤을 춘다

홀로 앉아 무엇을 보고 있을까
무엇을 생각하고 있는 걸까
누구를 기다리고 있는 걸까
저 멀리 수평선만 보인다

멍하니 앉아 있는 강아지 뒷모습이
어찌나 처량하고 쓸쓸해 보인다
달려가 안아주고 물어보고 싶다
누구를 기다리며 그리 앉아 있느냐

이사 간 주인을 그리워하는 강아지 한 마리
부모를 내다버리는 사람도 있다던데
사람이 개만도 못하다는 말이 그말인가 보다

남산둘레길

파란 마음 감추지 못하고
남산 둘레길 걸어본다
늦은 가을 잿빛 하늘 아래
무르익어가고 있는 단풍잎들은
마지막 빛을 발하고 있다
수많은 연인들의 행렬도 굽이 치고 있다
예쁜 잎들은 오고가는 연인들에게
환화게 빛을 주며 웃고 있다
머지않아 떠날 그날의 아쉬움 눈물로 보인다
연인들은 손을 잡아 다정한 어깨동무를 하며
사랑의 열매가 익어가는데
떠나는 단풍의 가슴을 울리는 심장소리
아프게 들려온다

벗어나고 싶은 살림살이

반복되는 살림살이
일터를 벗어나 산으로 올라간다
모든 짐들은 나뭇가지에 걸어놓고
하늘을 보고 긴 호흡을 한다
해방이다
내려오려니 나뭇가지에 걸어놓았던 복잡한 살림살이가
배낭 속으로 다시 들어오고 있다

집안일들 때로는 짜증나는 일들을
모두 가방 속에 넣고 바다로 떠난다
무인도 섬으로 들어가 깊은 바닷물에 버리고 왔는데
집에 와 보니 도로 가방 속에 들어와 있다

이젠 어디다 버려야하나 버릴 곳이 없다
작은 일에도 눈물이 나온다
눈물샘은 가뭄도 없다
추운 겨울날 눈 속 깊이 묻어두고 나오지 말라했는데…

파리, 똥파리 생각

여행은 어디를 가든 즐겁고 행복한 일이다
파리 여행은 이번이 두 번째
화려하고 고풍스러운 베르샤유 궁전이다
이렇게 화려하고 아름다운 예술품들은
누구의 머리와 손으로 만들어진 작품들일까
어디서부터 봐야할까 보는 곳마다 놀라지 않을 수 없다
호화스러운 침실 연회장 100여개를 보는 순간마다
눈을 뗄 수 가없다
천장의 작품들은 머리 위로 내려올 것만 같다
다시 봐도 고개는 바쁘다 눈도 바쁘다
어느 한 곳이라도 놓칠까봐 감상하기엔 시간이 부족하다
환상의 세계에서 꿈을 꾸듯 한 바퀴 돌고나와 할 말은
다시 보고 싶다는 말밖에 없다
한 가지 우습고 이상한 일, 화장실이 없다
그렇게 호화찬란한 궁전을 지어놓고 화장실이 없다니
이해가 안 된다
모두 공원으로 나가 처리했다고 한다
여성들이 밟을까봐 높은 구두를 신기 시작했다고 한다
그때는 공원은 어떠했을까
파리는 똥파리 날리는 도시였을 것이다

이별하는 법

축령산 밑에 애마송 펜션에 가면 잘생긴 한국이가 있다
한국이는 미인을 알아본다
갈 때마다 예쁜 선희가 멀리서 부르는 소리를 듣고
꼬리를 힘차게 흔들며 달려와 반긴다
배낭을 메고 등산길에 나서면 앞장서 간다
우리가 쉬어가면 한국이도 옆에서 쉰다
두 갈래 세 갈래 길이 있으면 거기서 기다린다
어느 쪽으로 가나하고 정상까지 안내해주고
내려올 때도 우리가 잘 내려오나 뒤돌아보곤 한다
숙소 문 앞에 앉아 우리를 지켜주는 신통한 한국이

그런데 돌아오는 날엔 '한국아 잘 있어.'하고 아무리 불러봐도
다른 곳만 쳐다보고 못들은 척 한다
우리가 가는 모습이 섭섭해서 그럴 게다
아마도 눈가에 눈물을 보이기 싫어서 그런 게 아닐까
담에 가면 반가워 꼬리를 마구 흔들며 달려올 거야

숲속의 카페

숲속 카페에 앉아있다
새소리가 들린다
누구를 오라고 하는 것일까
나는 누구를 기다리며
여기에 머물러 앉아있는 것일까

음악은 술잔을 흔들고
나뭇잎 사이로 잔잔하게 울려 퍼진다
술은 눈물로 젖어 가슴으로 흐른다

맥주잔 속에 잠겨있는 그리운 임의 얼굴
꺼내려고 마시고 또 마셔도
임의 얼굴은 어디가고 빈 잔만 남는다

쉼터에서

인생길
텃밭에서 허덕이다가
자연들이 살아가는 세상으로 길을 나선다
자연의 너희들이 있어 눈은 행복이요
귀는 즐거움이요 마음은 평화다

바람 구름 쉬어가자 발걸음 멈추라 한다
걷다가 쉬어가고 어두워지면
편히 누울 자리 찾아간다
눈을 감고 잠을 청했으나
눈동자는 잠을 자려하지 않는다

축복받은 지금의 시간들
그냥 보내지 말라 한다
벌떡 일어나 메모장을 편다

그때는

그때는 왜 몰랐을까
그 마음에 훈훈한 정성과
따뜻한 사랑이 담긴 걸 왜 몰랐을까

그때는 왜 몰랐을까
받은 만큼 주지 못해도
감사한 마음 소중함을 몰랐을까

좋아한다 보고 싶다 사랑한다
왜 전하지 못하고
보이지 않는 가슴에 담아 두었을까

세월이 흐른 지금에라도
고맙고 감사한 마음 전하고 싶다
모두에게 사랑한 마음 전하고 싶다

2부
꽃들의 수다

첫사랑

사랑이란 글자를 가슴에 담아주고
늘 지니고 다니라 했나요
그 사랑 기쁨과 행복이 뛰어다니며
얼굴에 붙이고 다니라 했나요
그 사랑이 너무 커서 벅차나요
커다란 풍선처럼 터지더니
구름 속에 숨어버렸나요
땅바닥에 주저앉은 글자는
무거워서 담을 수가 없나요
첫사랑이란 글자가 이렇게 크고
무거운 것을 일어서면서 알았나요

추억

정말 사랑했던 임은 때론 잊었다가도
문득문득 생각난다
정말 정다웠던 친구는 때론 잊었다가도
애절한 추억으로 남아있다

언젠가는 이별이 올지라도
지금의 순간은 잊지 말자 다짐했던
기억들이 가슴에 살아있어
소중한 추억의 빛이다

한번쯤이라도 만나볼 수 있다면
얼마나 좋을까 못다 한 말들 그리움들
시집 속에서 나의 마음을 전하고 싶다
부르는 소리로 남기고 싶다

시와 꽃의 만남

저기
외롭게 피어있는 꽃 한 송이에
시 한 소절 매달아본다

시는
꽃의 품에 안겨
흐르는 물결 따라 읊어 내려간다

꽃은 귀를 활짝 펴고
시의 음성을 귀담아 듣는다
꽃의 향기와 시의 낭송

비로소
꽃의 멜로디가
사람의 가슴에 울려 퍼진다

커피는 친구를 부른다

밤새 함박눈 내려와 온통 하얀 세상이다
나무들은 흰옷 갈아입고 눈꽃 속에 숨어있어
얼굴이 보이지 않는다

창문으로 스며드는 따스한 햇살이 좋아
따끈한 커피 잔을 들고 베란다로 나간다
피어오르는 커피의 김 사이로 친구가 생각난다

부르고 싶다 커피 향기가 친구를 부른다
하얀 눈꽃은 유리 창문에 꽃잎그림을 그려주고
달콤한 커피는 입술에 노래를 그려준다

마음을 녹여주는 찻잔을 비우며
너희들도 커피 한 잔 할까 묻는다
눈 내린 날은 모두가 친구다

하늘

눈이 부셔 눈을 감게 하는
가을 태양 앞에 섰다

숨 막히게 푸르고 푸른 하늘
코로 숨 쉬는데 벅차온다

맑은 공기 입을 다물지 못해
크게 호흡하는데 숨차다

자연이 만들어준 선물들
두 팔 벌려 가슴으로 한 아름 안아본다

아무 것도 보이지 않은 파아란 하늘
그게 우리가 하늘을 우러러 보는 가장 큰 이유다

행복한 이유

이른 아침 눈을 뜨면
파란 하늘을 볼 수 있어 감사하고
하늘빛 닮은 소박한 마음은
초록빛에 물들게 해줘 행복하다
진홋빛으로 아침을 시작하는 눈동자
미소 짓게 하는 그대가 있어 행복하고
세상을 밝게 하는 봄의 햇빛이 있어 행복하다
그대와 난 아직 사랑이 남아있어 행복하고
그대와 함께 하늘을 바라보며
삶의 이야기를 나눌 수 있어 행복하다

생각뿐

내 마음과 머릿속엔
많은 씨앗과 열매가 있다
예쁜 꽃들도 피어있다
잡초들도 있다

마음을 열어놓고
좋은 열매와 꽃은
남들에게 전해주자
하지만 그리하지 못한다

안 좋은 잡초는 뽑아버리자
하지만 버리지 못하고 있다
마음과 머릿속엔 생각뿐이다

고궁에서

추억을 나무 가지마다 걸어둔 고궁
다시 찾아 오솔길 걷는다

사랑을 담아둔 궁전마다
뚜껑을 열어보고 싶어 기웃거린다

사랑이 그대로 남아 있을까
혹여나 임이 찾아오실까 두리번거린다

어디선가 들리는 다정한 목소리
발자국소리 가까워질 때까지 머물고 싶다

때 묻은 일기장을 펼쳐보며

기나긴 세월 동안
나는 무엇을 했는지
때 묻은 일기장을 꺼내본다
흘러간 세월만큼이나 다할 수 있을까
남아 있는 시간들은 무엇을 해야 하나

따라오는 그림자는 앞서가자 하고
쫓아오는 세월은 어서가자 밀어낸다
바쁠 것도 없는데 빨리 가기 싫은데
뛰어가는 모두를 붙잡지 못해
그저 따라가는 인생인 것을…

꽃이 아름다운 이유

꽃을 보며 예쁘다 아름답다
감탄하는 마음은
오래도록 두고 볼 수가 없어서다
아쉬움을 남기고
눈에서 멀어져 가기에
예쁘다 아름답다 칭송한다

무엇이든 살아있는 생명은 아름답다
가냘픈 풀 한 포기가
커다란 바위틈 사이에 고개를 내밀고 웃고 있다
안쓰럽다 신비스럽다
아주 작은 생명 앞에 내 마음은
조용히 차분히 작아진다

꽃들의 수다

봄이 오는 소리가 들린다
봄소식은 우리가 먼저 보여주자며
눈에 잘 보이는 노란 옷을 입은
개나리들의 행진소리가 요란하다

진달래꽃들은 서로가 먼저 피려고
다툼을 하다 얼굴이 붉어졌다
사람들은 우리 앞에서면 마음도
얼굴도 분홍색으로 변한다

벚꽃들은
가족이 많은 우리가 빠지면 꽃들의 잔치가 아니라며
한 지붕 아래 수많은 식구들 옹기종기 모여살고
벚꽃이 함께해야 꽃들의
잔치라고 외친다

비

이별이란 이름을 가슴에 안고
잔잔한 바람되어 구름 사이로 숨었나

그 이름이 서러워서일까
강물 속으로 퐁당 빠진다

눈물방울은 볼 위로
또르르 굴러서 깨진다

눈물 빗물로 씻어내려간 땅에
사랑의 씨앗을 다시 심어본다

명동 모임

마음이 아름다운 여인들이여
눈매가 그윽한 여인들이여
세월의 매듭으로 꽃바구니를 엮는 여인들이여
노사연의 말처럼 우리의 만남도 우연은 아니지
사람과 사람, 삶과 삶, 바람과 바람
그 사이를 잇는 우리의 만남은 참 좋은 만남이야
모이면 끊이지 않는 웃음과 수다
즐거움과 행복 속에 헤어지기 아쉬워하지
우리들의 소중한 인연
끈끈한 정과 사랑은 멈추지 말자
세월이 가고 구름이 가도
우리의 우정과 모임은 보낼 수 없잖아
가슴이 따스한 여인들이여
콩 한 쪽도 나눠먹는 여인들이여
세월이 가고 구름이 가도
우리의 만남은 멈추지 말자

모드리컬렉션

– 이선희 선생님께

그분은 아름다움을 창조하는 일을 한다
우아하고 멋진 작품을 만들어
멋쟁이 여성들에게 날개를 달아준다

선생님이 디자인한 새로운 유행 옷을 입은
많은 여성들은 맵시를 자랑삼아 거리를 활보한다
미와 예술 감각이 뛰어난 재능이 있어
오랜 세월 패션에 몸담아온 일이 자랑스럽다

긴 세월 명동 그 자리 최선을 다하는
그녀의 모습은 아름답고 멋지다
예쁜 미소 얼굴처럼 마음도 비단같이 곱다
보람 있는 일 열심히 삶을 사는 그대
모드리컬렉션은 우리나라의 날개다

아낌없이 주는 산

– 이해임 친구에게

요즘 나는
주일에 한두 번씩 산을 오른다
몸이 조금 안 좋아 집에 있는 동안
많이 답답했다
친구한테 전화해 투덜거리면
아무 말 없이 받아주는 벗이 있어 참 좋다

미안한 일도 아닌데 미안해하면서 달려온다
맛있는 음식사주고 많은 이야기도 한다
좋아져 다행이야
따뜻한 정을 나누고 뒤돌아가는 모습을 보며
아낌없이 주는 산 같다는 생각을 해본다
해임아 고마워
가슴속에 이해임 이름 석 자를 깊이 새겨넣는다

꿈을 주는 나비

나비는 화려하지는 않지만 잔잔한 멋이 있다
꽃밭에 서면 활기찬 웃음에 상냥해진다
잡초 꽃송이도 드문드문 끼어 있어 매력이 있다

나비는 꽃들에게 열심히 설명해주며
피어나는 과정을 표현해준다
꽃봉오리 들은 꿈틀거리며 바스락거린다
주먹 쥔 고사리 손처럼 하나하나 피어나려
걸음마를 시작한다

김순진 교수는 꿈을 주는 나비
아름다운 꽃송이로
예술의 시로 피어보자 열강을 한다
나비는 오늘도 길잡이가 되고자
등불이 되고자 날아다닌다

우정 여행

아름다운 추억을 만들어보자며
친구 다섯 명이 2박3일 지리산 여행을 떠난다
어디든 떠나자하면 마음이 척척 맞은
연순 해임 규숙 재주 정심, 오총사

와! 이렇게 좋을 수가
더 이상 이렇게 즐겁고 행복할 수 있을까
우리들의 세상이다

벗들아 우리의 소중한 오늘을 잊지 말자
때론 잊기도 하겠지만
때론 그리워질 거야

항상 움직일 때면 승용차로 수고해준
벗이 있어 감사한 마음이다
송재주, 넌 정말 고맙고 멋진 친구야

주부대학 1박 여행

고마워라 오늘 떠나는 여행길
설레는 꿈들 가득 안고 떠나는 여행길
모두가 행복해하는 회원들 고마워라

즐거워라 웃음보따리 가득 싸들고
넉넉한 마음 부자 된 마음들이다
수다 떠는 모습들 즐거워라

감사해라 근심걱정 다 버리고
가는 곳마다 좋아서 아우성이다
먹을거리 많아 신나게 감사해라

행복해라 웃음꽃이 활짝 피어난다
젊음으로 돌아간 예쁜 소녀들처럼
오늘도 회원들은 행복해라

3부
그리움의 소다

지금

난 지금 어디든 가고 싶은 곳을
걸어서 갈 수 있어 기쁘다
파란 하늘 쳐다보면 마음이 편안해진다
한 발 두 발 땅을 밟은 순간마다
감사한 마음으로 걷고 있다

난 지금 친구들하고 만나기 위해
기쁜 마음 가슴에 안고 달려간다
웃음으로 반겨주는 벗들과의 만남이 있어
커다란 기쁨이다

난 지금 누군가를 그리워하고
보고 싶어 설레는 심장은 뛰고 있다
지금 여기에 와 있는 나를 생각해본다
이 세상에는 가장 귀한 금이 세 개 있는데
소금과 황금, 그보다 귀한 지금이 있다

그리움의 소다

예전에는 사랑하는 마음을 함부로 전하지 못하고
아끼고 아껴서 가슴에 차곡차곡 담아두었다
그런데 지금 꺼내보니 아무것도 없이
텅 비어있다
그리움의 추억들
가슴 저린 사연들
카메라에 담아두었다면
한 장 한 장 꺼내 볼 수 있었을 텐데
세월은 자꾸만 가고 있다
아쉬움들 그리움들 돌릴 수 없어
안타까움에 속이 쓰리다
그리움으로 쓰린 속을 풀어줄
소다 한 스푼 먹고 싶다

짝

저 멀리 푸르고 깊은 산속
새 한 마리 고요히 앉아 있다

사람의 인기척을 알고 있었나
서러운 울음소리 내 귓전을 울린다

짝을 홀로 두고 먼 길 떠나버렸나
다른 짝을 찾아 떠나버렸나

새야 울지 마라
나는 날개가 없어

너의 애타게 기다리는 너의 짝을
찾아줄 수가 없구나

사연

애절함을 참다 못 해
눈물은 강물이 된다
기다림에 지친 그리움은
폭포수가 된다

가슴 간절한 사연일랑
어디로 보내야 하나
바다로 바다로 간다

인연

그의 소중함을 몰라서는 안 된다
쉽게 버려서도 안 된다
섭섭함을 이해하고
매정함을 용서하고
부족함을 감싸주어야 한다
우리는 그것을 인연이라 부른다
기쁨과 행복은 줄 수 없다 해도
상처는 주지 말아야 한다
그것이 인생이자
인연이라 한다

가다가 머물다가

저물어가는 노을 속에 걷는다
조금씩 눈이 침침해진다
발걸음은 불빛 따라
드문드문 연기 나는 굴뚝을 찾아간다
머물 곳 찾아 쉬어갈까
조용하다 못해 적막이 흐르고
온돌방이 따뜻하게 반긴다
이런저런 불만도 없고
아무런 걱정도 없어진다
뭐라 탓하지 않는 넉넉한 마음
이곳에 머물고 싶다
가다가 머물다가
삶도 그러할진대

아쉬움

자연을 잊고 살아온 삶이었나
가슴이 벅차도록 아름다운 여기
자연 앞에 고개 숙여 마음을 열어본다

바쁘게 살아온 삶이었나
인간의 발길이 뜸해서일까
놀랍도록 자연만의 세상이다

뒤돌아볼 여유도 없는 삶이었나
여기 하늘의 노을빛은 심장을
뛰게 만들고 눈시울 붉어진다

아쉬움이 많은 삶이었나
뭐가 그리 애달프다 서럽다 하는가
넘어가는 노을을 잡지 못해 어쩌나

자장가

호숫가 그늘진 잔디
자리 깔고 살포시 앉은 그녀
시집을 꺼내들더니
시낭송소리가 바람타고 자장가로 울려 퍼진다
엄마 품에 안긴 아기 스르르 눈을 감는다

시의 날개를 단 그녀의 목소리가
잔잔한 물 위로 두둥실 떠다닌다
아기는 눈을 반쯤 뜨고 엄마의 젖가슴을 더듬는다
배불리 먹었는지 눈을 감은 채
방긋방긋 미소 띤 천사로 잠든다

그녀의 낭랑한 시낭송소리와
아기의 새근새근 잠자는 소리에
호수의 물결도 살며시 눈을 감는다

모란꽃 사랑

수줍어 붉게 물든 그대
그대에게 다가가고 싶어
발걸음 옮겨봅니다

추억에 담아둔 임의 얼굴 떠올라
한걸음 한 걸음 자꾸만
그쪽으로 걸었습니다

집 앞 머뭇거리다 어찌할 수 없나요
담장 너머로 진한 향기 전해옵니다
대문 밖 그리움 걸어 놓고 뒤돌아 갑니다

꽃잔치

가을 벌판은 꽃들의 잔치다
꽃들은 옹기종기 모여
화려하게 얼굴 화장하고
누가 누가 예쁘나 자랑을 한다

초대받은 나비들은
밥 먹으러 왔나
이 꽃 저 꽃 맛보는데 바쁘다

잠자리 벌들도 초대 받았나
잔칫상 위로 날개를 펄럭이며
어느 꽃이 예쁜가 구경하기 분주하다

산에서는

푸른 잎 새싹은 희망을 주고
은은한 미소 속엔 봄이 오고 있다

조용히 안개 깔린 산중턱
심신을 나뭇잎에 걸어본다

산자락에 머물러 있는 해는
잠시나마 쉬어가자 한다

구름은 산기슭을 품어주고
산에서는 모두들 아무런 근심 걱정 없이 살고 있다

성미 급한 봄

봄이 되면 어디든 떠나고 싶어 한다
몸은 아직 준비되지 않았는데
마음은 나가자 한다

하루에도 몇 번씩 들썩들썩
뛰어나가고 싶어 안달이다

옷은 챙겨 입지 않았는데
눈과 마음은 벌써 앞서간다

운동화도 신지 않았는데
발뒤꿈치가 먼저 현관문을 나선다

목련

피어나는 목련꽃 앞에 서면
금방이라도 웃음보가 터질 듯 입이 활짝 벌어집니다

내 사랑을 한 아름 안겨 줄 수는 없지만
함께 바라볼 수 있어 행복합니다

우리의 사랑도 우아하고 화려한 목련꽃처럼 피어나고
사람들은 이를 두고 행복이라 합니다

봄길

겨울의 뒤꼭지도 보내기 전에
나는 봄을 마중 나갔다

느릿느릿 걸어오겠지 했는데
대문을 나서자 벌써 와서 기다리고 있다

길가에 흐드러지게 뿌려진 꽃잎
어서 오라 비단길 깔아준다

타달타달 사뿐히 걷는 발끝에 밟힌다
마음 가득 벅차도록 안고 걷는다

나뭇잎들의 대화

나는 초록에 물들고 싶어
깊은 숲속으로 들어선다
대자연은 어디까지인가
잠시 발걸음 멈추고 눈을 감는다

조용한 감동에 숨소리 작아진다
나뭇잎들은 말을 한다
새로운 식물이다
못 보던 나무다 이상하게 생겼다
수근대는 소리에 나는 발걸음 멈춘다

나무도 아니고 꽃도 아니다
서로들 물어본다
어라 움직이며 걸어간다
잘못 찾아온 동물이다 숲속의 웃음소리와
잎들이 떠드는 소리가 귓전을 울린다

아카시아 꽃향기

아카시아 잎들이
바람결을 이겨내지 못해
눈꽃되어 힘없이 흩날린다

가는 세월의 아쉬움인가
서러운 눈물을 뿌린 자국들은
향기로 묻어둔다

떠나는 계절의 아픔은
고고한 향기로
가슴에 파고든다

4부
겨울나비

비 오는 날

비 오는 날은 좋다
나도 좋고 풀꽃도 좋다
비 오는 날은 좋다
비 오는 소리도 좋고 부침개 부치는 소리도 좋다
비 오는 날은 좋다
이유가 뭘까
비 오는 날은 좋다
그냥 이유 없이 좋다
비 오는 날은 좋다
떨어지는 빗줄기에 마음이 편안해진다
비 오는 날은 좋다
창문에 부딪쳐 깨지는 소리는 리듬이다
비 오는 날은 좋다
거실에서는 잔잔한 음악이 흐른다
비 오는 날은 좋다
감춰진 추억들이 하나 둘씩 떠오른다
비 오는 날은 좋다
추억들은 마음의 창문을 흔든다
비 오는 날은 좋다
숨바꼭질하는 나를 어서 나오라 손짓한다

연꽃

겨울은 추워요
겨울 물은 차가워요
호수의 물을 이불삼아 살아요.

누군가를 기다리고 있어요.
바로 지금 나를 보고 있는
당신을 기다리고 있어요.

그래서
고개만 내밀고
미소 짓고 있어요.

가을에게

그가 내게 다가와
물감으로 석양을 그려준다

바람소리와 함께 서성이다
눈가엔 차가운 이슬로 맺혀진다

낮은 자세로 바닥에 내려놓고
그리움에 흔들리다 떨고 있다

다정한 그대 목소리 귓가에 맴돌다
가슴으로 자꾸만 파고든다

이 밤 아름다운 미소로 환상의 날개를
달아준 그대가 있어 꿈을 꾼다

코스모스의 눈물

가을비에 얼굴을 씻은 코스모스는 아름답다
비에 젖은 코스모스의 모습이 어찌나 예쁜지
눈물방울 멈춘다

코스모스 꽃들이 바람결에 흔들린다
빗물은 꽃잎에 뚝뚝 떨어져
가냘픈 고개는 꺾어질 듯 이리저리 흔들린다

빗물이 흐르는 코스모스는
수줍어 예쁘게 웃고 있다
코스모스는 우주, 그러므로

코스모스의 눈물은 우주의 눈물이다

가을향기

바람에 날리는 낙엽 앞에 서면
괜스레 서글퍼진다
그대와 함께 걸었던 낙엽길
추억 하나 곱게 접어 보낼까
함께 만들었던 시 한 편
낙엽에 써서 엽서를 띄울까
해가 떠난 어둠에 점점 더 서글퍼지고
손은 시려 가슴으로 파고든다

사랑

사랑은 떠나는 가을 앞에 서성이다가
어두워지는 저녁 무렵에 찾아든다
아주 작은 사랑을 주고 싶어 한다

사랑은 조금은 먼 길이지만
내일을 기다리지 못해 설레는 마음과
두근거리는 심장으로 길을 나선다

사랑은 더 큰사랑을 한 아름 가슴에 안고
돌아선 길목에 서서 눈시울 젖어든다
물줄기 막을 수 없어 고개를 들어 눈을 감는다

사랑은 밥 먹여주지 않지만
사랑을 먹지 못하면 죽을 수도 있다

카메라를 든 남자

한 남자가 나와 같은 기차를 타고 있다
차가운 겨울 기차에 몸을 싣고 떠난다
그는 마음속에 무엇을 담으려는 것일까
성에 낀 유리창을 호호 닦고 있다
빠르게 스쳐가는 사물들을 촬영하는데
눈동자는 바쁘게 움직인다

무엇을 찾고자 하는 걸까
가까이 왔다가 멀어져 가는 그림들
지웠다 다시 그리고 있다
덜커덩대는 움직임
흔들리는 기차 안에서
무엇을 찾을 수 있을까 담아갈 수 있을까

나는 그동안 무엇을 하며 살아왔을까
시간이 바빠서 일까
마음이 바빠서 일까
잊을만하면 생각나는 이유는 무엇 때문일까

겨울나비

가을이다 가
열매가 빨갛게 노랗게 익었다
가지를 꺾어다 화병에 꽂아놓았다
며칠 후, 거미줄 망 속이 꿈틀거린다
무엇일까?
아니! 애벌레다 호랑나비다

알록달록 화려하다 귀엽고 예쁘다
추운 겨울날씨에 어쩌나 걱정하며 봄을 기다리자 했다
먹이는 무엇을 주나 걱정이다

현관문을 여는 순간 밖으로 나간다
나가면 안 돼 겨울이야 얼어 죽는다
애타게 불러도 어디론가 날아간다
호랑나비 모습은 눈에서 멀어져갔다
어릴 적 짝사랑하던 그 남자처럼

불꽃

옷깃 여민 겨울바람에
푸른 꿈 실어보내고
싸늘하게 식어가는
그리움 하나 꺼내본다

흐려진 기억들 모닥불 피워
불길 속에 타올라 사라진다
재가 되어 흔적이 없어진다 해도
그리움과 꿈은 살아난다
불꽃 속에 다시 피어오른다

술잔 속 그림자

찬바람이 거세게 부는 겨울밤이다
덜커덩거리는 창문을 잡아본다

지친 마음에 유리 창문을 다시 닫아보지만
문풍지가 윙윙 운다

얼굴 시려 우는 걸까
바람 맞은 몸이 아파 우는 걸까

비정한 겨울밤은 그렇게 깊어가고
나는 술잔 속의 그림자로 울고 있다

내 마음에도 꽃은 피고

적막이 흐르는 산사
처마 끝 마루에 걸터앉아
하얗게 내리는 눈을 바라본다

마당가에는 차마 길 떠나지 못한
꽃 한 송이가 남아있다
꽃송이 위에 눈꽃이 피어난다

장독 뚜껑 위에도
또 다른 하얀 눈 뚜껑을
만들어 덮어준다

시들어 고개 숙인 작은 풀잎에도
하얀 눈꽃이 예쁘게 피고 있다
내 마음에도 꽃은 피고

둘 다 담으려다

봄은 떠나기 싫어 머뭇거리고
여름은 어서가라 밀어낸다

가는 봄 붙잡아주고 싶고
오는 여름 맞이하라 한다

누구를 그릇에 담아야 하나
하나만 담으라 한다

둘 다 담으려다 뒤돌아보니 모두 떠나고
빈 그릇만 덩그마니 놓여있다

은행잎은 울지 않는다

노랗게 옷을 챙겨 입고 폼 잡으려다
얼마 못 가 바닥에 떨어졌다
떨어진 것도 서러운데 사람들은 밟고 또 밟는다
예쁘다 할 때는 언제이고

발길에 짓밟혀 상처투성인 것도 억울한데
미화원아저씨는 빗자루로 쥐어박고 윽박질러
자루 속에 눌러 담는다

자루 속에 파묻혀 숨 막혀 죽을 지경이다
다음은 또 어디로 가는 걸까
은행잎은 사람의 혈관을 잘 뚫어주는 약재로 팔려간단다
사람의 병을 고치는 은행잎은 울지 않는다

구름 위의 단풍

예쁜 단풍잎 앞에 서면
괜스레 나는 얼굴이 붉어진다

화려한 단풍잎 앞에 서면
괜스레 가슴이 콩콩 뛰고 심장은 노랗게 익어간다

오색의 빛나는 단풍잎들은 속삭인다
눈동자도 마음도 빨갛게 익어간다고

단풍잎의 슬픔

떠나기 싫어 몸부림치다
빨갛게 익었나 보다
떨어지기 싫어 발버둥치다
노랗게 익었나 보다

먼저 내려간 친구들
어서 내려오라 손짓하지만
싫다고 매달린 잎새 하나
몸부림치다 까맣게 익었나 보다

떨어진 낙엽들은 굴러다니다
세월을 한탄하는지
눈물덩어리 뚝뚝 떨어지는 소리가
가을을 적시고 있네

눈길에서

모자를 푹 내려쓴다
목도리 칭칭 감는다
걸어보자 빠져보자
온통 하얀 눈밭이다

많은 눈이 쌓여 길은 안 보인다
햇빛에 눈이 부셔 뜰 수가 없다
실눈을 뜨고 뽀드득뽀드득
하얀 세상 밟아본다

얼마나 한참동안 걸었다
바지는 발목까지 젖어 발이 시려온다
젖은 바지와 운동화는 말을 한다
기분 그만내고 집으로 들어가자고

새들도 사랑을 속삭인다

함박눈 펑펑 내리는 공원
젊은 연인의 사랑은 뜨거운 빛이다
마치 예쁜 꽃을 포장하는 마음
조심조심 소중히 감싸준다

둘이 하나 되어 포근히 안아주며
함께 걸어가는 뒷모습은
움직이는 눈꽃이다

연인은 은빛 가슴에 사랑을 담아주고
눈부시게 하얀 눈꽃을 심어준다
이렇게 눈 오는 날이면
새들도 사랑을 속삭인다

눈 오는 날 생각나는 사람

눈 오는 날이면
스카프 휘날리며 뛰어왔던
옛 친구가 생각난다

눈 오는 날이면
손을 잡아 호호 불어주던
임의 모습이 보인다

이렇게 함박눈 펑펑 내리던 날이면
품속에 내 얼굴 파묻고
따뜻하게 녹여주던 엄마 모습이 보인다

갈비그네

불고기를 넉넉하게 주문하지 못한 시절이 이야기다
젊은 시절의 남녀 친구 만나는 날이다
그 중 둘은 사랑을 숨기고 만난다
고기는 한두 점 씩 먹고 몇 개 남아 있다
서로들 눈치만보고 젓가락들은 망설이는 순간
남자 친구가 고기를 한 점 집어 내 밥그릇 위에 올려주고
얼른 먹으라는 눈빛이다
꾹꾹 참고 표현하지 못하고 맛나게 입속으로 넘어가던
그 때 추억이 그립다
그 후 우리 둘은 음식점에가 갈비탕 먹었는데
옆 상의 두 남녀는 갈비 세 대를 앞에 놓고
하나씩 먹은 다음 한 개를 서로 먹으라며 이리밀고 저리밀고
갈비는 왔다 갔다 그네타고 있다
그 예쁜 모습에 우리 둘은 행복한 웃음을 지었다
이번 설날에는 가족 모두 모여 앉아 갈비를 구워먹으며
그때의 추억을 이야기 해주고
많이들 먹어라, 격려하고 싶다
지금도 내 눈가엔 갈비가 그네를 탄다

60 고개

60고개를 정신없이 바쁘게 숨차게 넘어오다
몸에 이상이 생겼다
쉬어야 할 고개를 발견하고 쉰다
얼마나 다행한 일인가
이젠 천천히 옆도 보고 뒤도 돌아보고
주위에 모두를 살펴보아야 겠다
이렇게 예쁘고 아름다운 세상
느낄 때마다 감사한다
어느 날 어느 고개를 넘다가 발길 멈추게 될까 걱정이다
지금은 하루하루가 소중하고 가는 시간이 아쉽다
남아 있는 고갯길 가면서
눈은 즐거움이요 마음은 행복하고 싶다

내 이야기를 듣는 당신은 지금 마음은 부자요 행복 사람이다
남은 고갯길 멋지고 값진 고개를 걸어가고 있으니

부록

축하의 글

온몸에 전율이 흐르게 해

나는 두 번째 시집 출간 축하해 주고 싶은 마음이 들떠 있는지 모르겠다. 1집 『공작새 깃을 펴다』 시집을 받아 읽어보고 안정심 시인을 다시 생각했다. 나도 어릴 적에는 시를 좋아해 시인의 꿈도 꾸고 시와 책들을 가까이 하면서 한 가정의 이름으로 얽매이다보니 내감정속 낭만의 파편을 흩트려 놓았다.

우연한 기회에 안정심 님의 시를 만났고 두 번째 시집 출간 축하의 글을 쓰려고 하니 가슴 벅찬 감흥이 나를 설레게 한다. 1집 한 편 한 편의 시를 읽으면서 어쩌면 그렇게 아름다운 감성으로 표현 할 수 있을까? 온몸의 전율이 흐르는 감정을 느끼게 했다. 잔잔한 시속에 삶의 리듬도 담아 있어 가슴에 와 닿은 시들을 읽을 수 있었다.

1집 「목도리」 시는 사랑의 심정을 유난히도 내게는 찡한 아픔 같은 서정을 느끼게 했고 시인에게 그런 애절한 사랑의 마음이 담아있나 했다. 우연히 마주한 자리에서 반갑고 기뻐서 한 마디 못하고 미소 짓는 시인에게……. 그 순간 시인은 좋은 표현도 못하고 얼굴 붉어지고 심장은 뛰고 있었으리라 상상해봤다.

2집 「숲속의 카페」는 어느 날 카페앉아 맥주잔 속에 잠겨있는 님의 얼굴 꺼내려고 마시고 또 마셔도……. 그 상상의 시는 가슴에 묻고 살아가는 사랑의 시다.

살아가면서 때론 가물가물 아지랑이처럼 떠오르기도 하고 와인 한잔 앞에 놓고 그리운 옛 님의 얼굴 생각나 눈물짓게 하는 애틋한 사랑의 추억들이 있다면 누구나 한번쯤은 술잔 속으로 빠져 들기도 하겠다.

끊임없이 쉬지 않고 작업하는 님의 모습이 우리 "아름다운여인들의 모임" 모두에게 자랑이 아닐 수 없다.

당신을 사랑하는 많은 사람들이 힘찬 우정의 박수와 시를 읽게 해준 감사를 보내고 있다는 사실을 잊지 말라 전 하고 싶다.

당신은 우리 모두에게 아름다운여인입니다.

2015년 봄

시를 좋아하고 음악을 좋아하는 추 희 수

사랑할 수밖에

1집 『공작새 깃을 펴다』를 읽었다.

조용한 성품의 속내를 살포시 걷어내고 활활 타오르는 화려한 감성으로 시를 썼다.

속내에 담아둔 망울들을 마음껏 터뜨리고 무지갯빛 색깔을 켜켜히 펼친 한상의 세계로 쓴 시들을 읽을 수 있었다.

언니의 시를 읽는 순간 어쩜 그런 시상들이 떠오를까 마음은 잔잔해지고 편안해진다.

가을바람에 흩날리는 한 떨기의 코스모스처럼 수줍음 많고 말없이 웃어주는 미소 속에서 시를 쓰는 그런 사람이다.

시를 읽는 순간 친근한 시인의 성품이 드러나 있어 누구나 읽어보면 따스한 감동을 느끼게 되고 아릿한 양념 맛이 묻어난다.

대학 다닐 때 국문학을 함께 공부했던 추억들이 아련히 떠올라 언니의 시를 접하면서 나또한 시를 쓰게 된다.

2집 준비한다는 이야기를 듣고 내 심장은 콩당콩당 나지막이 뛰고 기쁜 마음 축하해주고 싶어 설레는 마음은 빨리 읽어 보고 싶다 얼마나 산고를 쥐어짜고 어떤 감성으로 표현들을 했을까 심금을 울리는 시들이 기다려진다.

코스모스처럼 가냘픈 언니 정열이 넘치는 모습으로 시를 쓰는 언니는 아름답다.

시처럼 마음씨도 예쁜 안정심 시인을 사랑할 수밖에 없다.

2015년 3월

복지관에서 어르신들을 보살피며 봉사하는 최 영 숙

안정심 제2시집

커피는 친구를 부른다

초판인쇄일 2015년 3월 6일
초판발행일 2015년 3월 10일

지은이 : 안정심
펴낸곳 : 도서출판 문학공원
발행인 : 김순진
편집장 : 전하라
디자인 : 김초롱
등 록 : 2004년 3월 9일 제6-706호
주 소 : (우편번호 130-814)서울 동대문구 난계로 26길 17호
삼우빌딩 C동 302호 스토리문학사
전 화 : 02-2234-1666
팩 스 : 02-2236-1666
홈페이지 : http://cafe.daum.net/yob51
이메일 : 4615562@hanmail.net

※ 잘못된 책은 교환해 드립니다.
※ 책값은 뒤표지에 있습니다.